T0272845